BEI GRIN MACHT SICH IHR WISSEN BEZAHLT

- Wir veröffentlichen Ihre Hausarbeit,
  Bachelor- und Masterarbeit

- Ihr eigenes eBook und Buch -
  weltweit in allen wichtigen Shops

- Verdienen Sie an jedem Verkauf

Jetzt bei www.GRIN.com hochladen und kostenlos publizieren

Bibliografische Information der Deutschen Nationalbibliothek:

Die Deutsche Bibliothek verzeichnet diese Publikation in der Deutschen National-
bibliografie; detaillierte bibliografische Daten sind im Internet über http://dnb.d-
nb.de/ abrufbar.

Impressum:

Copyright © 2012 GRIN Verlag, Open Publishing GmbH
Druck und Bindung: Books on Demand GmbH, Norderstedt Germany
ISBN: 978-3-668-10779-3

Dieses Buch bei GRIN:

http://www.grin.com/de/e-book/195853/die-vaterrolle-in-friedrich-schillers-kabale-
und-liebe

Christian Hundertmark

Die Vaterrolle in Friedrich Schillers "Kabale und Liebe"

GRIN Verlag

GRIN - Your knowledge has value

Der GRIN Verlag publiziert seit 1998 wissenschaftliche Arbeiten von Studenten, Hochschullehrern und anderen Akademikern als eBook und gedrucktes Buch. Die Verlagswebsite www.grin.com ist die ideale Plattform zur Veröffentlichung von Hausarbeiten, Abschlussarbeiten, wissenschaftlichen Aufsätzen, Dissertationen und Fachbüchern.

Besuchen Sie uns im Internet:

http://www.grin.com/

http://www.facebook.com/grincom

http://www.twitter.com/grin_com

Georg August Universität Göttingen
Seminar für deutsche Philologie
Wintersemester 2011/2012
Aufbauseminar: Schiller

Friedrich Schiller „Kabale und Liebe"- Die Vaterrolle im Drama

Christian Hundertmark
3. Semster

Inhaltsverzeichnis

Einleitung

In der nachfolgenden Arbeit soll es um die Vaterrolle in Friedrich Schillers Werk „Kabale und Liebe" gehen. Die vom Präsidenten, aber auch vom Musikus Miller. Die Vaterrolle werde ich anhand einer Charakterisierung der beiden Väter herausarbeiten. Weiterhin möchte ich im Zuge der Charakterisierungen, die jeweiligen Verhältnisse der Väter zu ihren Kindern analysieren .Als erstes werde ich auf den Musiker Miller und seine Tochter eingehen. Sowohl in diesem Teil, als auch in dem Teil über den Präsidenten, möchte ich insbesondere die Rolle der Väter ihren Kindern gegenüber beleuchten. Bei Vater Miller möchte ich unter anderem auf seine bewusste Ständehaltung eingehen und in diesem Zusammenhang versuchen zu analysieren, warum er schon am Anfang des Werkes der Beziehung zwischen Ferdinand und Luise keine Chance gibt. Im weiteren Verlauf werde ich die Charakteristik des Präsidenten erarbeiten und wie oben angedeutet, auf dessen Rolle gegenüber seinem Sohn eingehen. Bei der Bearbeitung des Präsidenten möchte ich fortführend darauf eingehen, an welchen Stellen er sich schuldig, bzw. ob er sich schuldig gemacht hat an der Tragödie.

In einem darauf folgenden Analyseschritt werde ich in einem direkten Vergleich zwischen dem höfischen Präsident und dem bürgerlichen Miller, die Vaterliebe der beiden herausarbeiten. Wobei ich hierbei gerne klären würde, ob man von einer „richtigen" Liebe zu ihren Kindern sprechen kann. Um die Arbeit abzurunden, soll es im letzten Teil dieser Arbeit um einen Vergleich zu Lessings „Emilia Galotti" und im Anschluss um einen Vergleich zu Schillers „Die Räuber" gehen. Hierbei soll es insbesondere um den Vergleich der Vaterrollen gehen. Abschließend werde ich die wichtigsten Punkte kurz zusammenfassen und die Arbeit mit einem Fazit und einem Ausblick auf weitere Forschungsmöglichkeiten schließen.

2. Die Vaterrolle

2.1 Musikus Miller und seine Vaterrolle gegenüber Luise

Miller, der als Musiker arbeitet, lebt als Bürgerlicher unter finanziell grundierten Zuständen.[1]Diese Interpretation widerspricht allerdings einer Aussage von Luise anhand derer das einzige Vermögen die Tochter ist (vgl. S.64 Z.22ff.).

[1] Vgl.Thorsten Zimmer: Friedrich Schiller: Kabale und Liebe.Interpretationen Deutsch.Freising 2003,S.50f.

Er hat scheinbar eine ordentliche Meisterprüfung abgelegt. [2]Weiterhin beherrscht er „Violonzell" und ist „Geiger" *(S.5 Z.21)*[3], aber er beherrscht auch weitere Instrumente, was an dem „Fortepiano", welches im Haus der Millers steht, deutlich wird.

Miller ist zwischen 59 und 60 Jahre alt zu dem „Spielzeitpunkt" des bürgerlichen Trauerspiels[4]:

„der morgen sechzig alt wird" (S.64 Z.24) Diese Andeutung macht Luise im dritten Akt des Stückes. Weiterhin ist er sehr gläubig und sehr ehrfürchtig gegenüber Gott, aber auch aufrichtig und zeigt menschliche Gefühle.[5]

Als Schüler unterrichtet er Ferdinand, den Sohn des Präsidenten und gibt ihm Musikstunden. Miller agiert als Familienoberhaupt mit harter Hand .Dies wird gerade in der Umgangsweise mit seiner Frau deutlich. Gegenüber seiner Frau nimmt er eine übergeordnete Rolle ein und sieht seine Frau als nicht gleichwertig.[6] Auch das Ansehen spielt für Vater Miller eine maßgebliche Rolle. Einerseits kommt er mit den verschiedensten Schichten der Gesellschaft zusammen, doch trotzdem steht er zu dem bürgerlichen Gesellschaftstum und dessen Normen. Andererseits hat er Angst vor einem schlechten Ruf. Dies wird an der Beziehung zwischen Ferdinand und Luise deutlich, da er die Befürchtung hat, dass man über die Tochter, aufgrund einer außerständischen Beziehung so viel reden könnte, dass der Ruf „seines Haus" ruiniert werden würde[7].Aber er geht auch von rein sexuellen Absichten Ferdinands gegenüber seiner Tochter aus und selbst seine Tochter wird von ihm auf ihre „äußeren Vorteile" begrenzt:[8]

„Unterm Dach mag's aussehen, wie's will. Darüber kuckt man bei euch Weibsleuten weg, wenn's nur der liebe Gott parterre nicht hat fehlen lassen." (S.6 Z.11ff)

Luise hingegen gesteht ihre Liebe zu Ferdinand ganz offen. Zumindest sieht der Vater ein Bekenntnis zu Ferdinand darin[9]:

„Ich habe keine Andacht mehr, Vater- der Himmel und Ferdinand reißen an meiner blutenden Seele, und ich fürchte -ich fürchte" (S.12 Z.33ff)

[2] Vgl. Hans-Erich Struck: Friedrich: Kabale und Liebe. Oldenbourg Interpretationen. Oldenbourg 1998,S.24f.
[3] Friedrich Schiller: Kabale und Liebe. Ein bürgerliches Trauerspiel. Anmerkungen von Walter Schafarschik. Stuttgart 2001.
[4] Vgl. Struck (wie Anm.2), S.24f.
[5] Vgl. W.J.M. Loohuis: „Kabale und Liebe" und" Hermann und Dorothea". Oldenbourg Interpretationen.Bad Honnef 1977,S.59.
[6] Vgl. Zimmer (wie Anm.1), S.50f.
[7] Vgl. Dieter Martin:.Friedrich Schiller: Kabale und Liebe.Schroedel Interpretationen. Braunschweig 2011,S.79.
[8] Vgl. ebd., S.110.
[9] Vgl. Dieter Liewerscheidt: Die Dramen des jungen Schillers: einführende Untersuchung.München 1982,S.69.

„Wo er wohl jetzt ist?- Die vornehmen Fräulein, die ihn sehen-ihn hören -
ich bin ein schlechtes vergessenes Mädchen" (S.13 Z.10ff.)

Herrmann knüpft an das erstere Zitat an und sieht in dem Ausdruck „Himmel" ein
durchaus begründetes Synonym für „Vater". Im weiteren Verlauf entwirft Herrmann das
Bild, dass es sich bei dem Himmel um den väterlichen handeln könnte ,indem der
väterliche Gott wohnt .An dieser Stelle wird wiederum die unsägliche Macht des Vater
Millers deutlich, der Luises gesamte weltliche Ansicht bestimmt und prägt. Unter anderem
werden moralische Ansichten, und Ansichten über die Ständeordnung von Vater Miller
geprägt. Man kann Luise letztendlich zwei Vorstellungen von zwei Arten von Göttern
unterstellen. Es handelt sich hierbei um zwei konträre Charaktere von Göttern. Zum einen
der Gott ihres Vaters, der Stände bezogen ist und denkt und zum anderen der Gott von
Ferdinand, den Herrmann als den „Vater der Liebenden"[10] bezeichnet. Eine Art Gott, der
anstatt in kirchlichen Gebäude zu Hause zu sein, im Herzen wohnt.[11]
Weiterhin sieht man, dass er von Anfang an dieser Liebesbeziehung keine Chance gibt:
„ Aber sag mir doch, was wird bei dem ganzen Kommerz auch herauskommen?-
Nehmen kann er das Mädel nicht" (S.5 Z.26ff.)

Doch der Vater gibt dieser Liebe keine Chance, weil er weiß, dass eine Beziehung über
die Grenzen der Stände hinweg nicht glücken kann. Aber auch Luise ist durchaus klar,
dass sie nicht ohne weiteres eine Beziehung zu einem Sohn des Präsidenten haben kann.
Auffallend ist auch, dass diese „Einsicht" schon im ersten Akt geschieht:
„Ich entsag ihm für dieses Leben. Dann, Mutter-dann, wenn die Schranken des
Unterschieds einstürzen-wenn von uns abspringen all die verhasste Hülsen des Standes-
Menschen nur Menschen sind" (S.14 Z.12ff.)
Dies zeigt einerseits, dass ihr schon von Anfang klar ist, dass eine bürgerlich-höfische
Beziehung nicht funktionieren kann, was auch durch das Ständebewusstsein der Väter
impliziert wird. Doch nach Liewerscheidt versucht Luise gar nicht die Probleme zu
beseitigen, welche die Beziehung stören. Stattdessen versucht sie ihre Beziehung ins
Jenseits zu transferieren, da sie davon ausgeht, dass dort eine Beziehung fernab der

---

[10] Hans Peter und Martina Herrmann.Freidrich Schiller „Kabale und Liebe".Grundlagen und Gedanken. Frankfurt am
Main 1997,S.66.
[11] Vgl. ebd., S.66.

väterlichen Ansichten und auch der Ständeunterschiede problemlos möglich ist[12]. Doch Luise wird von ihrem Vater sehr geliebt, da er sehr besorgt um ihre Zukunft ist.Hingegen ist Luise ein gut erzogenes Mädchen, was man an ihrer Wortwahl erkennen kann[13]:

„Damals-o damals ging in meiner Seele der erste Morgen auf." (S.13 Z.35f.)

Doch auch durch seine Liebe engt er sie sehr ein, sodass Luise kaum Spielraum hat und sie sich ihre eigenen Wünsche,aufgrund der Einschränkungen des Vaters, nicht erfüllen kann.[14]Herrmann spricht in diesem Zusammenhang von einer Erpressung des Vaters, der Luise dazu verpflichten will, dass sie ihn am meisten lieben soll. Durch die „Beherrschung", die der Vater Luise gegenüber ausübt, wird auch die Würde von ihr verletzt[15].

Denn weiterhin will er bestimmen wie agiert wird und wie das Verhalten nach außen hin sein muss. Hiermit will er das Familiengeschehen lenken und engt insbesondere Luise sehr stark ein. Die autoritäre Beeinflussung des Vaters durchzieht nahezu das ganze Trauerspiel und führt dazu, dass Luise von eigenen Absichten absieht und sich zum Wohl des Vaters entscheidet. Dies wird ersichtlich, als Luise und Ferdinand fliehen wollen und sich Luise dagegen verwehrt. Denn Luise hat Angst, dass der Zorn des Präsidenten ihren Vater treffen könnte und lehnt deswegen den Vorschlag von Ferdinand ab[16]:

„Ich habe einen Vater, der kein Vermögen hat, als diese einzige Tochter-der morgen sechzig alt wird-
der der Rache des Präsidenten gewiss ist." (S.64 Z.22ff)

„Und der Fluch deines Vaters uns nach ?-ein Fluch, Unbesonnener, den auch Mörder nie ohne Erhörung aussprechen, den die Rache des Himmels auch dem Dieb auf dem Rade hält, der uns Flüchtlinge, unbarmherzig, wie ein Gespenst, von Meer zu Meer jagen würde?-Nein mein Geliebter!" (S.64 Z.33ff.)

Diese beiden Textstellen zeigen insbesondere die Macht und die Gewalttätigkeiten, die Luise dem Präsidenten im Falle einer Flucht zuschreibt, aber auch die Angst vor

---

[12] Vgl. Liewerscheidt (wie Anm.9), S.73f.
[13] Vgl. Loohuis (wie Anm. 5),S.58.
[14] Vgl. Zimmer(wie Anm.1),S.50f.
[15] Vgl. Herrmann(wie Anm.10),S.64.
[16] Vgl. ebd., S.45.

möglichen Übergriffen ihrem Vater gegenüber. Auch im weiteren Verlauf ist ihr Handeln stark abhängig von ihrem Vater, was sich an dem fingierten Brief zeigt, den sie aufgrund der Erpressung von Wurm schreiben muss und der letztendlich den Vater aus den „Klauen" des Präsidenten befreien soll. Auch im letzten Akt distanziert sie sich von ihren Selbstmordplänen, welches sie zu Gunsten ihres Vaters tut, obwohl ein Selbstmord ein Leben der Beiden in der „Überwelt" ermöglicht hätte.[17]

Die größte Fehlentscheidung trifft Miller, indem er die auf Mord deutenden Anzeichen missachtet und Ferdinand und Luise alleine lässt. Weiterhin ist gerade bei Miller ein Motiv der Habgier zu erkennen, dass ihm den Blick auf die Realität versperrt. Thorsten Zimmer sieht gerade in dem völlig überhöhten Arbeitslohn, den Ferdinand an den Musiker Miller zahlt, ein Anzeichen für das kommende, schreckliche Ende des Paares, welches Miller, trotz den Andeutungen seiner Tochter, missachtet[18]. Doch am Ende durchbricht er Motive der Habgier, indem er das Geld zurückgibt, weil er es als Sold für seine Tochter ansieht:

„(... und wirft dem Major die Börse vor die Füße). Giftmischer! Behalte dein verfluchtes Gold! - Wolltest du mir mein Kind damit abkaufen?" (S.121 Z.24f)

Martin sieht zwar in dem Charakter des Musiker Millers fortschrittliche Eigenschaften, doch Miller bezeichnet sich selber als:

„plumper gerader teuscher Kerl" (S.11 Z.6)

Auch auffällig an der Person Miller ist, dass er nie die ihm vorliegende Situation beherrscht, da meist auf seine ausschlagkräftigen Worten keine Handlungen folgen. Doch einzig bei Luise kann er anfänglich seine Macht durchsetzen. Im fünften Akt schwächelt auch dies.[19]

Insgesamt kann man den Vater von Luise als stark ständisch verankerten Mann sehen, der an tradierten Moral-und Normvorstellungen festhält. Doch er hat durchaus eine große Mitschuld an dem Verlauf der Dinge. Denn zum Vater-/Tochter Verhältnis ist zu sagen, dass er eine große Macht gegenüber Luise ausübt. Doch eine Liebe zu ihr und auch eine Sorgsamkeit des Vaters ihr gegenüber ist nicht abzustreiten. Letztendlich wird Luise zum Opfer der Ständeunterschiede, da es für sie keine Möglichkeit gibt im Diesseits eine Liebesbeziehung mit Ferdinand zu führen. Daher könnte man ihr eine Art „Opferrolle" zuschreiben, die unter anderem von ihrem Vater mitgeprägt wird.

---

[17] Vgl. ebd., S.45f
[18] Vgl. Zimmer (wie Anm.1), S.50f.
[19] Vgl. Herrman (wie Anm.10), S.66ff.

2.2 Der Präsident als herausstehende Dramenfigur in „Kabale und Liebe" und seine Rolle als Vater gegenüber Ferdinand

Erst einmal ist zu sagen, dass der Charakter des Präsidenten aus mehreren Sichtweisen beleuchtet werden kann. Einerseits reiht sich der Präsident in die höfische Kette der Regentschaft am Hof ein, denn er führt Aufträge im Auftrag des Herzoges aus, wobei dieser kaum selbst in Erscheinung tritt.[20]Wie zur damaligen Zeit üblich, hat er eine akademische Ausbildung gemacht um diesen Posten durchführen zu können. Die Ausbildung hat er laut Struck zum Verwaltungsfachmann gemacht[21].Desweiteren scheint er 50 Jahre alt zu sein zum Spielzeitpunkt des Stückes: [22]

„Nach dreißig Jahren die erste Vorlesung wieder!-
Schade nur, dass mein fünfzigjähriger Kopf zu zäh für das Lernen ist" (S.24 Z.28ff)

Fortführend geht der Präsident davon aus, dass man eine Karriere am Hof nicht aufgrund von Wissen machen kann, sondern eine gewisse Art von Cleverness dafür nötig ist.[23] Auffällig an seinem Charakter ist zusätzlich, dass er gerne mit Drohungen arbeitet:[24]

„Du bist bei der Lady gemeldet. ...Wenn du mich zum Lügner machst-Höre, Junge-oder wenn ich hinter gewisse Historien komme!" (S.27 Z.6ff)

Doch auch sein Tonfall ist stellenweise sehr befehlsmäßig[25]:
„ Legt Hand an im Namen des Herzogs -Weg von der Metze, Junge-Ohnmächtig oder nicht! (S.50 Z.30f)
Aber auch sein Fremdwörtergebrauch fällt dem aufmerksamen Leser auf:[26]
„Ein herrliches *Impromptu* des menschlichen Witzes..." (S.21 Z.34f)
„Wie gesagt-poussiert oder ganz zugrund richtet." (S.58 Z.22f)
Der Hof an dem der Präsident agiert, bezeichnet Zimmer als „moralisch verrottet",[27] was auch die weiteren Ausführungen zumindest auf den Präsident bezogen, belegen werden.

---

[20] Vgl. Zimmer (wie Anm.1),S.51ff.
[21] Vgl. Struck (wie Anm.2), S.21.
[22] Vgl. Martin (wie Anm.7),S.65.
[23] Vgl. ebd., S.65.
[24] Vgl. Zimmer (wie Anm.1), S.44.
[25] Vgl. ebd.,S.65.
[26] Vgl. ebd., S.44.
[27] Zimmer (wie Anm.1), S.51.

Zur Führungskette am Hof ist zu sagen, dass der Präsident zwischen dem Herzog und Wurm steht. Der Präsident verfolgt laut Zimmer keine Motive der Ehre in seinem Hofamt. Stattdessen sind ihm eine Machtstellung und die Möglichkeit der Einflussnahme wichtig. Um einen „beruflichen" Aufstieg zu erzielen, benutzt er unlautere Mittel, die Ferdinand als Druckmittel fortwährend einsetzen kann. Doch illegale Mittel benutzt er auch um überhaupt an die „Macht" zu kommen. Unter anderem hat er Handschriften von Wurm fälschen lassen.[28] Doch auch seinen Amtsvorgänger hat er auf blutige Art und Weise um sein Amt gebracht. Dieses verschweigt der Präsident nicht und zeigt dies bezüglich keineswegs Reue. Stattdessen erzählt er es seinem Sohn und begründet es damit, dass er es nur für ihn gemacht hätte:[29]

„Höre Ferdinand-

(Ich spreche mit meinem Sohn)-Wem hab ich durch die Hinwegräumung meines Vorgängers Platz gemacht - eine Geschichte, die desto blutiger in mein Inwendiges schneidet, je sorgfältiger ich das Messer der Welt verberge. Höre. Sag mir, Ferdinand: wem tat ich dies alles?" (S.23 Z.12ff)

Der Machterhalt und die Machterhöung sind wichtige Motive, nach denen er seine Denk- und Handlungsweisen ausrichtet. Um seine Vorstellungen durchzusetzen, benutzt er unter anderem Hofmarschall von Kalb und Wurm.[30] Und auch diese beiden Personen, die als Mittel zum Zweck dienen, setzt er unter Druck. Einerseits setzt er den Hofmarschall mit den gefälschten Briefen und Quittungen unter Druck, indem er droht, dass er ihn mit in „die Tiefe" ziehen würde, wenn er dem Plan des Präsidenten widerspricht und nicht mit macht. Andererseits setzt er auch Wurm unter Druck, indem er auf ihn die Schuld schieben will.[31] Zudem ist zum Präsidenten zu sagen, dass dieser kaum in der Lage ist Beziehungen zu anderen Menschen auf einer ehrlichen Grundlage aufzubauen. Dies wird unter anderem deutlich daran, dass eine Beziehung zwischen Mann und Frau für ihn einzig und allein der Triebbefriedigung dient.

Doch andererseits hat er auch eine Vaterrolle und muss sich um seinen Sohn kümmern. Er ist eigentlich nur auf das Wohl seines Sohnes besonnen, aber die Frage ist, ob man von einer Vaterliebe zwischen dem Präsidenten und Ferdinand überhaupt sprechen kann. Der Vater spricht sich diese Rolle scheinbar jedoch zu.

---

[28] Vgl. ebd., S.51ff.
[29] Vgl. Loohuis (wie Anm.5), S.60.
[30] Vgl. ebd., S.51 ff.
[31] Vgl. Martin (wie Anm. 7), S.67f.

Gerade am Ende des Trauerspiels wird deutlich, dass er sich in Unschuld wiegt und so tut, als hätte er alles nur für seinen Sohn gemacht:[32]

„Mein Sohn! Warum hast du mir das getan? (S.119 Z.22)

„Ist hier niemand, der um einen trostlosen Vater weinte?" (S.119 Z.32f.)

Fortführend wird aber in dieser Szene deutlich, dass Ferdinand ihn durchaus als Schuldigen ansieht und für den Tod verantwortlich macht:

„(wirft ihm das Glas vor die Füße) So sieh, Mörder!" (S.119 Z.21f)

Wobei ich davon ausgehen würde, dass Ferdinand dem Präsidenten die Schuld an seinem Tod gibt. Doch das Schlimmste für ihn ist, dass er Opfer einer Intrige seines Vaters geworden ist. Als er dies erfährt, ist es jedoch zu spät. Aufgrund der Intrige, die der letztendliche Auslöser der Katastrophe war, schreibt Ferdinand seinem Vater die Mörderrolle zu:

„Mörder und Mördervater!" (S.118 Z.30f)

Wobei er natürlich auch seine eigene Schuld am Tod von Luise einsieht. Insgesamt kann man bei so einer Art der Umsorgsamkeit des Präsidenten nicht von einer Liebe sprechen. Zumindest wird diese Liebe auf Ferdinand nicht als Mensch transferiert. Stattdessen soll durch Ferdinand die Macht der Familie aufrechterhalten werden.

Und auch Ferdinand setzt die Liebe zu Luise über die Liebe zu seinem Vater, da er ihn um Geld betrügen will. Er sieht seinen Vater als einen Räuber an, der sich sein Geld sowieso nicht auf legitime Weise beschafft hat:[33]

„...erhebe Summen auf meinen Vater. Es ist erlaubt einen Räuber zu plündern, und sind seine Schätze nicht Blutgeld des Vaterlands?" (S.64 Z.28ff.)

Martin sieht Ferdinand sogar als eine Art Gegner seinem Vater gegenüber an, was er daran festmacht, dass Ferdinand nicht die gleichen Motive wie sein Vater verfolgt und

---

[32] Vgl. Struck (wie Anm.2), S.47.
[33] Vgl. ebd., S.47.

somit aus dem „moralisch verrotteten Hof" ausbricht.[34] Doch die Frage die sich stellt ist, ob

man bei Ferdinand überhaupt von einer Liebe zu seinem Vater sprechen kann. Dagegen

würde meiner Meinung nach das obig besprochene Vorhaben sprechen. Loohuis sieht den

Präsidenten in zweierlei Rollen. Zum einem als Vater, welchen Ferdinand wiederum

schätzt und andererseits als Präsident, welchen Ferdinand verachtet. Dies wird an zwei

Textstellen sehr deutlich:[35]

„Der Schuldbrief der kindlichen Pflicht liegt zerrissen da" (S.48 Z.29f)

„Es gibt eine Gegend in meinem Herzen, worin das Wort Vater noch nie gehört worden ist"

(S.50 Z.3)

Zu den Vorstellungen des Präsidenten ist hingegen zu sagen, dass er seine Werte als

allgemeingültig ansieht, und so scheitert sein Vorhaben. Ferdinand von Walter, sein Sohn,

soll in seine „Fußstapfen" treten. Um ihm dies zu ermöglichen, versucht er ihn mit Lady

Milford zu verheiraten, um ihm die Türen zu öffnen. Doch Ferdinand findet die

Zukunftsperspektiven, die der Vater als glorreich ansieht, nicht erstrebenswert.[36] Darüber

hinaus versucht er Ferdinand eine fundierte Ausbildung zugänglich zu machen. Trotzdem

muss man seine Vaterqualitäten abwerten. Denn um seine Pläne durchzusetzen

hintergeht er seinen eigenen Sohn.[37] Ferdinand hingegen erkennt die Zustände am Hof

und möchte diesen verlassen. Auslöser für das Durchbrechen seiner „vorgezeichneten"

Zukunft ist die Liebe zu Luise.[38]Und auch das Eingreifen in die Beziehung von Ferdinand

und Luise ist nicht Moral begründet, sondern weil er diese Beziehung als falsch ansieht.

Durch eine Heirat mit Lady Milford würde er seine Liebesbeziehung, welche er mit Lady

Milford

---

[34] Vgl. Martin (wie Anm.7), S.74.
[35] Vgl. Loohuis (wie Anm.5), S.57.
[36] Vgl. Zimmer (wie Anm.1), S.48.
[37] Vgl. Martin (wie Anm.7),S.51ff.
[38] Vgl. Zimmer (wie Anm.1), S.48.

führt verschleiern und unauffällig machen und gleichzeitig auch die Zukunft seines Sohnes am Hof sichern. Die Gefühle der zugehörigen Personen werden dabei nicht berücksichtigt und müssen zum Zwecke der Stärkung der Position des Präsidenten und auch für eine gesicherte Zukunft des Sohnes untergeordnet werden.[39] Doch er will ein bürgerliches Mädchen, obwohl Ferdinand sich seinem Stand bewusst ist, und dies trotz aller „Vorschriften":[40]

„Ich bin ein Edelmann- Lass doch sehen, ob mein, ob mein Adelbrief älter ist ‚als der Riss zum unendlichen Weltall? oder mein Wappen gültiger als die Handschrift des Himmels in Luisens Augen" (S.16 Z.13ff.)

Das Durchbrechen der höfischen Vorschriften wird an einer anderen Textstelle noch deutlicher:

„Durchreißen will ich alle diese eiserne Ketten des Vorurteils- Frei wie ein Mann, will ich wählen ‚dass diese Insektenseelen am Riesenwerk meiner Liebe hinaufschwindeln." (S.46 Z.8ff)

Des Weiteren kann man eine gewisse Art von Hochmut des Präsidenten gegenüber seinem Sohn feststellen:[41]

„Wo in aller Welt bringst du das Maul her, Junge" (S.26 Z.1f.)

Auch Aufsässigkeit lässt der Präsident seinem Sohn nicht durchgehen und bietet ihm die „Stirn":[42]
„Wenn ich auftrete, zittert ein Herzogstum .
Lass doch sehen, ob mich ein Starrkopf von Sohn meistert.
Er geht und kommt noch einmal wieder.)
Junge, ich sage dir, du wirst dort sein, oder fliehe meinem Zorn." (S.27 Z.21ff.)

[39] Vgl. ebd., S.48f.
[40] Vgl. Loohuis (wie Anm.5), S.56.
[41] Vgl. Zimmer (wie Anm.1),S.44ff .
[42] Vgl. Loohuis (wie Anm.5),S.61.

Doch auch sein Verhalten der bürgerlichen Schicht gegenüber ist sehr auffällig. Dies wird unter anderem an den Bezeichnungen Luise gegenüber sehr deutlich:

„Dass er der *Bürgerkanaille* den Hof macht" (S.17 Z.24)
„Der Vater soll *die Hure des Sohns* respektieren" (S.48 Z.23f)
„an den Pranger Mutter und *Metze* von Tochter!" (S.49 Z.28)

Ferner wird auch ersichtlich, dass er sehr kaltblütig ist. Dies zeigt uns sein Verhalten gegenüber den Eltern von Luise. Er will diese ins Gefängnis bringen will.[43]
Doch auch die Verantwortung will der Präsident am Ende auch Wurm anhängen, doch dies scheitert an der Intelligenz seiner Helfer.
Am Ende scheint es jedoch so, dass der Präsident sein Fehlverhalten selbst einsieht und nach dem Tod von Ferdinand Buße zeigt. Dies wird an der Hingabe an die Gerichtsdiener sehr klar.[44] Insgesamt können Parallelen zu Vater Miller gesehen werden, welcher tragisch scheitert. Doch zu diesem Vergleich möchte ich noch im nachfolgenden Kapitel einige Ausführungen darlegen.

3. Der Präsident und der Musikus Miller- ein Vergleich der Vaterliebe

Zu dem Vergleich Präsident und Vater Miller ist erst einmal zu sagen, dass sich beide Väter um ihre Kinder kümmern, doch beide auf eine spezielle Art, die nicht unbedingt von Vorteil und im Sinne ihrer Kinder ist. Zwar kann man bei beiden Vätern von einer Art Vaterliebe sprechen, doch diese ist keine „herkömmliche" Vaterliebe, denn sie kränkelt sowohl bei Miller als auch bei Ferdinands Vater, wobei dies bei Ferdinands Vater noch ersichtlicher ist, da, wie in den obigen Ausführungen schon angedeutet, dieser weniger um das seelische und das generelle Wohl Ferdinands besorgt ist. Er sieht in Ferdinand einen Nachkommen, der den Familienstand aufrecht erhalten soll. Vater Miller hingegen ist sich seinem bürgerlichen Stand bewusst. Daher sieht Miller von Anfang an die Problematik, die eine Beziehung zu einem höfischen Major hat. Aus diesem Motiv heraus gibt er der Beziehung keine Chance. Zu der Situation der Vaterliebe bei Vater Miller und seiner Tochter ist zu sagen, dass ich diese viel prägnanter finde. Fest machen tue ich dies an der Umstimmung Luises. Da der Vater sie von ihrem Selbstmordplänen abringen will, was er

---

[43] Vgl. ebd., S.67.
[44] Vgl. Zimmer (wie Anm.1),S. 51ff.

schafft, auch wenn diese doch später stirbt und auch dem Vater eine gewisse Schuld an diesem Tod zu zuschreiben ist. Doch fernab der Selbstmordpläne und des Todes sieht Struck gerade bei Vater Miller eine unbeschreibliche Vaterliebe. Zum einen wird die an seinem Monolog deutlich, den er nach einer vergeblichen Suche nach Luise hält:[45]

„Vielleicht kommt deine Einzige dann ans Ufer geschwommen- -Gott! Gott! Wenn ich mein Herz zu abgöttisch an diese Tochter hing?" (S.95 Z.15ff)

aber auch an einer weiteren Textstelle:

„Du warst mein Abgott. Höre, Luise, wenn du noch Platz für das Gefühl eines Vaters hast- Du warst mein Alles. Jetzt vertust du nicht mehr von deinem Eigentum. Auch ich hab alles zu verlieren. Du siehst, mein Haar fängt an grau zu werden. Die Zeit meldet sich allgemach bei mir, wo uns Vätern die Kapitale zustatten kommen, die wir im Herzen unsrer Kinder anlegten -Wirst du mich darum betrügen, Luise? Wirst du dich mit dem Hab und Gut deines Vaters auf und davon machen?" (S.98 Z.32ff.)

Doch an diesem beiden Textstellen kann laut Struck nicht nur eine Vaterliebe von Musikus Miller zu seiner Tochter gesehen werden, sondern auch eine Ich - Zentriertheit des Vaters, da er durch ein mögliches Ableben Luises seine „Altersvorsorge" in Gefahr sieht.[46] Dies bringt uns wieder eine Parallele zum Präsidenten, der sich zwar sorgt um die Zukunft seines Sohnes, aber dies hauptsächlich aus Gründen der Machterhaltung. Im weiteren Verlauf des Trauerspiels findet man auch einen Punkt, in dem er sich von seinen Pflichten als Vater losreißt, und so findet man für das Erste auch einen Endpunkt seiner Vaterliebe:[47]

„Jetzt weiß ich nichts mehr-(mit aufgehobener Rechte) stehe dir, Gott Richter!
für diese Seele nicht mehr. Tu, was du willst." (S.99 Z.35ff.)

Struck zieht den Schluss, dass man trotz großer Unterschiede der beiden Väter durchaus doch Parallelen sehen kann.[48]Denn man kann bei beiden keineswegs davon sprechen, dass sie nicht besorgt sind um ihre Kinder. Doch beide Väter haben sehr egozentrierte Vorstellungen was gut und richtig für ihre Kinder ist. Dabei berücksichtigen sie nicht die Vorstellungen ihrer Kinder. Und eine Vaterliebe, wie ich diese definiere, dass ein Vater das

---

[45] Vgl. Struck (wie Anm.2), S.45.
[46] Vgl. ebd., S.45.
[47] Vgl. ebd., S.45.
[48] Vgl. Struck (wie Anm.2), S.47.

Wohl seines Sohnes oder seiner Tochter im Sinn hat und dabei die Ansichten des Sohnes und der Tochter berücksichtigt, ist hier nur noch in einer sehr schwachen und brüchigen Form anzufinden. Die oben beschriebene Egozentriertheit äußert sich beim Präsidenten in der Form, dass er Lady Milford mit Ferdinand verheiraten will, doch nicht nur zum Wohle seines Sohnes, sondern auch für die Legitimation seiner Liebesbeziehung zu dieser. Bei Vater Miller äußert sich dieses Motiv in der schon angesprochenen Angst um seine Altersvorsorge, aber auch als er von Ferdinand den „scheinbaren" Lohn für die Unterrichtsstunden bekommt und daraufhin zum Präsidenten geht, obwohl es klare Anzeichen für das tragische Ende gibt,die er aber missachtet.

Daher kann ich mich Struck nur anschließend und trotz graduierter Unterschiede der Beiden sind vergleichbare Motive und Parallelen zu finden.

4.Vergleich zu Vaterrollen in anderen Werken
4.1.Vergleich zu „Emilia Galotti"

In den nachfolgenden Ausführungen möchte ich einen Vergleich zwischen Gotthold Ephraim Lessings „Emilia Galotti" und dem hier zu bearbeitenden Stück „Kabale und Liebe" von Friedrich Schiller machen. Dieser Vergleich soll gleiche aber auch unterschiedliche Motive und Elemente aufzeigen, insbesondere mit dem Blick auf die Vaterrolle .

Ich möchte gerade das Stück „Kabale und Liebe" zu „Emilia Galotti" in Vergleich setzen, da man laut Krischel davon ausgehen kann, dass er sich an Lessings Werk orientiert hat. Diese wird laut Kirschel an den Personen und an den drei Themenblöcken des Stückes deutlich.[49] Hierzu ist anzumerken, dass Spuren vom Werk „Emilia Galotti" auch im „Fiesco" zu sehen sind.[50]

Auffallend bei dem Vergleich ist, dass man Miller durchaus mit Odoardo vergleichen kann. Allerdings bringt Odorado seine Tochter selbst um. Auch Odorado zeigt am Ende Reue. Dies wird an der Hingabe an die Gerichtsbarkeit deutlich. Hingegen sieht auch Vater Miller am Ende seine Schuld an der Tragödie ein, obwohl dieser seine Tochter nicht umgebracht hat, aber doch eine gewisse Art von Mitschuld an dem tragischen Ende trägt.

Loohuis sieht als den prägnantesten Unterschied zwischen den beiden Werken, dass bei Lessing das tragische Ende durch die Liebe an sich entstanden ist, wobei hingegen bei Schillers Stück nicht die Liebe an sich an der Katastrophe Schuld ist, sondern die durch

---

[49] Vgl.Volker Krischel: Textanalyse und Interpretation zu Friedrich Schiller: Kabale und Liebe. Hollfeld 2012,S.28f.
[50] Vgl.Liewerscheidt (wie Anm.9), S.82.

den Ständeunterschied hervorgerufenen äußeren Bedingungen.[51]Das Scheitern der Liebesbeziehung zwischen Ferdinand wird durch die konträren Standesvertreter, zum einen Vater Miller und zum anderen den Präsidenten, schon früh ersichtlich.

Liewerscheidt zieht eine Parallele zwischen der bürgerlichen Familie Miller und der bürgerlichen Familie Galotti. Weiterhin sieht er Ähnlichkeiten zwischen Luise Miller und Emilia Galotti und Ferdinand von Walter gegenüber Appiani.[52]

Da ich mich in diesem Vergleich hauptsächlich auf die Gegenüberstellung der Vaterfiguren und der Liebenden beschränken möchte, bleiben andere von Liewerscheidt herausgearbeiteten Parallelen der beiden Werke an dieser Stelle unbeachtet.

Trotz der herausgefunden Gemeinsamkeiten zwischen den beiden Familien „Galotti" und „Miller" finden sich auch Unterschiede, denn Vater Miller hat im Gegensatz zum Offizier Galotti gar keine Zugangsmöglichkeit zum Fürsten. Dennoch sieht er weiterhin eine Moral begründete Vormachtstellung gegenüber dem lasterhaften „Hof". Auch in ihrer Art der Tochterliebe sieht Liewerscheidt sehr wohl eine Vergleichbarkeit.[53] Diese Ausführungen bestätigen insgesamt die Beeinflussung bzw. Beachtung des Werkes „Emilia Galotti" von Lessing bei Schillers Erstellung von „Kabale und Liebe". Doch zusammenfassend ist zu sagen, dass man auf „Kabale und Liebe" nicht eins zu eins die Folie des Werkes „Emilia Galotti" legen kann, da bei Lessings Werks wie oben schon herausgearbeitet wurde, die Liebe an internen Faktoren, in diesem Falle der Liebe selbst und bei Schillers Werk an äußeren Faktoren, dem Ständeunterschied, scheitert.

4.2 Vergleich zu dem Werk „ Die Räuber"

In diesem Vergleich ziehe ich eine gewisse Parallele zwischen Karl von Moor und Ferdinand von Walter. Beide von Schiller erstellten Figuren bringen aus einer Ausweglosigkeit ihre Partnerinnen um. Beide tun dies aus unterschiedlichen Motivationen heraus. Ferdinand von Walter tötet Luise Miller aufgrund des fingierten Briefes, den Luise schreiben musste, den der Präsident ihr diktiert hat:

„Dieser Brief -Fasse dich, ein entsetzliches Wort zu hören- Meine Hand schrieb, was mein Herz verdammte -dein Vater hat ihn diktiert" (S.118 Z.16ff.)

Daher trägt natürlich auch der Vater von Ferdinand eine indirekte Mitschuld an dem Tod

---

[51] Vgl. Loohuis (wie Anm.5), S.75.
[52] Vgl. Liewerscheidt(wie Anm.9), S.82.
[53] Vgl. ebd.,S.82ff.

von Luise.Doch als Ferdinand die wahren Verhältnisse erfährt, bereut er seine Tat zu tiefst. Karl Moor hingegen ist hin und her gerissen zwischen den Räubern und seiner Geliebten. Er tötet seine Geliebte aufgrund eines Schwurs der Räuberbande und weil Amalia von Edelreich ihn darum bittet. Ähnlich wie Ferdinand bereut er seine Tat sofort, doch im Gegensatz zu Ferdinand nicht aufgrund einer Offenbarung seiner Geliebten ihm gegenüber. Im Gegensatz zu Ferdinand will sich Karl nach dem Mord der Gerichtsbarkeit übergeben. Dabei will er sogar noch etwas Gutes tun und sein Kopfgeld einem Tagelöhner zukommen lassen. Abschließend ist es fraglich, ob man auch dem Vater von Karl eine gewisse Mitschuld an den Mord von Amalia geben kann. Festmachen kann man dies nur fragmentarisch an der Erziehung des Vaters von Karl und Franz, denn dieser konnte den beiden nicht gerecht werden. Eine klare Schuld, wie man dem Präsidenten am Mord von Luise zuschreiben muss, ist hier nicht ohne weiteres möglich.

5. Zusammenfassung und Fazit

Anhand meiner Analyse konnte ich bei Vater Miller sehen, dass wir in diesem einen standesfundierten Mann haben, der von Anfang an gegen die Beziehung seiner Tochter mit Ferdinand ist. Einerseits kann man von einer Liebe zu seiner Tochter sprechen, doch andererseits bricht diese stellenweise an egozentrischen Motiven seinerseits. Luise liebt ihren Vater sehr, sodass sie in einigen Situationen ihr eigenes Wohl des Wohles ihres Vaters unterordnet. Letztendlich konnte ich Vater Miller eine Mitschuld am Lauf der Dinge zur Katastrophe zuweisen. Zum Präsidenten kann man anhand der obigen Bearbeitung sagen, dass er sich um seinen Sohn zwar sehr „sorgt", doch dies ist mehr aus Machterhaltungsgründen der Fall und weniger seines Sohnes selbst wegen. Insgesamt konnte ich feststellen, dass das Hauptproblem sowohl beim Präsidenten, als auch bei Miller und dessen Wertevorstellungen liegt. Trotz ihrer großen graduierten Unterschiede, sind zwischen den beiden, Parallelen in ihrer Vaterrolle zu sehen.

Zu dem Vergleich mit Lessings „Emilia Galotti" ist zu sagen, dass man davon ausgehen kann, dass wichtige Motive und Strukturen von Schiller für „Kabale und Liebe" übernommen worden sind, auch wenn die letztendlichen Gründe für das Scheitern doch andere sind. Auffällig ist die Parallele zwischen dem Musiker Miller und dem Offizier Galotti, welcher man sich bei einem Vergleich nicht entziehen kann.

Zum Vergleich mit den Räubern ist zu sagen, dass mir da eine Parallele zu Karl von Moor aufgefallen ist, obwohl der Mord an Amalia anders motiviert ist als der Mord Luises. In beiden Fällen haben die Väter eine gewisse Schuld. Doch eine fundierte Schuldzuweisung kann nur dem Präsident gemacht werden. Insgesamt gehe ich für „Kabale und Liebe" davon aus, dass die Beziehung zwischen Luise und Ferdinand nicht nur an den Ansichten und dem Verhalten der Väter scheiterte, sondern das Schiller uns auch zeigen wollte, dass eine ständeübergreifende Liebe zur damaligen Zeit nicht ohne weiteres möglich war.

Interessant wäre es meiner Meinung nach, noch die Parallelen zu Shakespeares „Romeo und Julia" zu erarbeiten. Insbesondere die Rolle der Väter zu ihren Kindern wäre sehr interessant. Das man generell Elnflüsse von Shakespeares „Romeo und Julia" sehen muss, belegt in der Forschungsliteratur Karl S. Guthke[54] und öffnet damit die Möglichkeit dieses Vergleiches. Doch an dieses müsste man in einer anderen Forschungsarbeit anknüpfen.

---

[54] Vgl.Karl S. Guthke: Kabale und Liebe.Tragödie der Säkularisation.In: Schillers Dramen.Hrsg.von Walter Hinderer. Stuttgart 1992,S.108ff.

Literaturverzeichnis

Thorsten Zimmer: Friedrich Schiller: Kabale und Liebe.Interpretationen Deutsch.Freising 2003.

Hans-Erich Struck: Friedrich: Kabale und Liebe. Oldenbourg Interpretationen. Oldenbourg 1998.

Friedrich Schiller: Kabale und Liebe. Ein bürgerliches Trauerspiel. Anmerkungen von Walter Schafarschik. Stuttgart 2001.

W.J.M. Loohuis: „Kabale und Liebe" und" Hermann und Dorothea". Oldenbourg Interpretationen.Bad Honnef 1977.

Dieter   Martin:.Friedrich   Schiller: Kabale   und   Liebe.Schroedel   Interpretationen. Braunschweig 2011.

Hans Peter und Martina Herrmann.Freidrich Schiller „Kabale und Liebe".Grundlagen und Gedanken. Frankfurt am Main 1997.

Volker Krischel: Textanalyse und Interpretation zu Friedrich Schiller: Kabale und Liebe. Hollfeld 2012.

Dieter   Liewerscheidt: Die   Dramen   des   jungen   Schillers: einführende Untersuchung.München 1982.

Karl S. Guthke: Kabale und Liebe.Tragödie der Säkularisation.In: Schillers Dramen.Hrsg.von Walter Hinderer. Stuttgart 1992.

BEI GRIN MACHT SICH IHR WISSEN BEZAHLT

- Wir veröffentlichen Ihre Hausarbeit,
  Bachelor- und Masterarbeit

- Ihr eigenes eBook und Buch -
  weltweit in allen wichtigen Shops

- Verdienen Sie an jedem Verkauf

Jetzt bei www.GRIN.com hochladen und kostenlos publizieren